**60분 만에
읽었지만
평생
당신 곁을
떠나지 않을
아이디어
생산법**

60분 만에 읽었지만 평생 당신 곁을 떠나지 않을 아이디어 생산법

제임스 웹 영 지음 · 정재승 서문 · 이지연 옮김

윌북

느닷없이 떠오르는 생각이 가장 귀중한 것이며,

보관해야 할 가치가 있는 것이다.

프랜시스 베이컨

차례

한국어판 서문-정재승 06

서문 17
일러두기 25

이야기의 시작 27
경험에서 도출한 생각 33
파레토 법칙 39
아이디어 생산의 기초 47
아이디어 생산의 원리 51
아이디어 생산의 기술 57
이 책을 쓴 후 떠오른 몇 가지 생각 81

정보의 호수에서
아이디어를 건져 올리는 비법 ....

직장 생활을 하면서 가장 심각한 불안이 찾아오는
시기는 '내 뇌가 예전만 못하다'고 느낄 때다. 20대 무
렵에는 한 번 들으면 바로 기억했고, 순발력도 꽤 괜
찮아서 다른 사람의 농담에도 곧바로 재치 있게 받
아칠 줄 알았다. 좋은 아이디어들이 불현듯 떠오르는
순간들이 종종 있어서 상사에게 칭찬받는 경우도 많
았다.

하지만 40대에 접어들면서(어떤 사람들은 30대 후반

부터라도!) 기억이 가물가물하고, 듣거나 읽은 것들이 뇌에 머물러 있는 시간이 점차 짧아진다. 반응속도도 예전 같지 않아 순발력을 발휘해야 할 현장에서 재치가 제때 떠오르지 않고 뒤늦게야 이런저런 생각들이 떠올라 아쉬워한다. 반응속도가 현저히 느려졌다는 의미다. 집중할 수 있는 시간도 예전처럼 길지 못해, 20분만 책을 읽어도 잡생각들이 스멀스멀 꼬리에 꼬리를 물고 들어온다. 이렇게 부실한 뇌로 업무상 중요한 의사결정을 과연 감당할 수 있을까?

무엇보다 답답한 건, 창의적이고 혁신적인 아이디어가 좀처럼 떠오르지 않는다는 비극이다. 전보다 얻는 정보의 양은 많아졌고, 심지어 경험도 많이 축적돼 좋은 아이디어를 판단할 능력은 상당히 늘어났다. 하지만 좋은 아이디어가 내 머리에서 나오지 않는다는 게 문제다.

젊은 친구들이 회의 때마다 참신한 아이디어를 제시할 때면, 불안감은 더욱 커진다. 먼지가 잔뜩 낀 듯한, 녹마저 슬어버린, 그래서 수세미로 박박 씻어내고 싶은 '나의 낡고 오래된 뇌'로 남은 직장 생활을 무사히 버텨낼 수 있을까? 내가 우리 조직의 혁신에 작게라도 기여할 수 있을까? 예전처럼 참신한 창작 능력을 유지하려면 어떻게 해야 할까? 우리 시대를 살아가는 모든 직장인들, 그리고 창조적인 성취를 끊임없이 이뤄내야 하는 모든 예술가와 프리랜서들의 숙제일 것이다.

게다가 요즘은 좋은 아이디어라는 것의 수명이 몹시 짧아졌다. 기발한 아이디어 하나로 인정받아 삶이 평온했던 호시절은 이미 끝났다. 회사 입장에서도 독창적인 제품과 서비스를 만들어낼, 그래서 10년간 안정적으로 성장할 수 있는 아이디어란 애초에 존재하지 않게 됐다. 빠른 추격자들이 금방 혁신을 따라잡기 때문이다. 기발한 아이디어의 열매를 즐기고 만끽하는 시간이 점점 짧아지는 것이다.

이제 우리는 끊임없이 창의적인 아이디어가 만들어

지는 시스템, 그러니까 내 삶에 혁신을 위한 토양을 마련하고 거름을 치고 영양제도 공급하면서 창의적인 아이디어를 꾸준히 만드는 프로세스를 장착하지 않으면 안 되는 시대로 접어든 것이다. 그렇다면 과연 혁신은 어떤 과정을 거쳐 탄생하는가?

이 책은 바로 이 질문에 답한다. 창의적인 아이디어가 만들어지는 과정을 압축해서 소개한다. 저자가 들려주는 창의적인 아이디어를 만드는 비법은 매우 보편적이고 타당해서 누구나 고개를 끄떡이지 않을 수 없다. 문제를 제대로 이해하기 위해 많은 정보를 수집하고, 낡은 아이디어들을 조합하고 연결해서 새로운 아이디어를 찾아내는 노하우를 차근차근 소개하고 있다.

그렇다! 바로 그거다. 기발한 아이디어란 무에서 유를 창조하는 것이 아니라, 문제의 본질을 정확히 꿰뚫어본 후에, 기존의 다양한 아이디어들을 조합하고 연결해서 문제에 딱 맞는 해결책을 마련하는 것이다.

그리고 그 실마리는 종종 엉뚱한 곳에 있다.

고대 그리스의 철학자 아리스토텔레스에게 "예술이 가진 창조성의 근원은 무엇입니까?"라고 물었을 때, 그는 '은유(metaphor, 메타포)'라고 대답했다. '그녀의 눈동자는 맑은 호수다'처럼, 전혀 상관없어 보이는 눈동자와 호수를 등식으로 연결하는 능력 말이다. 하지만 우리는 전혀 상관없는 두 개념을 이은 이 문장을 읽는 순간, 이내 어떤 의미인지 알아챈다. 처음 등식으로 연결하는 건 어렵지만, 연결된 등식을 보면 무슨 의미인지 바로 파악할 수 있다. 'A는 B다'에서 훌륭한 은유일수록 A와 B가 멀리 떨어져 있다고 아리스토텔레스가 말했듯, 혁신은 엉뚱한 두 개념을 이어 생산적이고 창조적인 결과물을 만들어내는 과정이다. 굉장히 멀리 떨어져 있는 것을 서로 연결해서 문제를 해결하는 능력, 이것이 이 책의 저자도 강조하는 '아이디어 생산법'이다.

실제로 뇌과학 분야에서도 '창의적인 사람의 뇌에

서는 무슨 일이 벌어지는가?'를 탐구해서 유사한 결론에 도달한 바 있다. 아리스토텔레스가 2천 년 전에 얻은 통찰처럼, 뇌가 상관없는 것을 연결하는 과정에서 기발한 아이디어를 만들어낸다는 사실을 관찰한 것이다.

몇몇 신경과학자들은 기발한 아이디어가 떠오르는 순간 뇌에서 어떤 현상이 벌어지는지 살펴보기 위해 실험 참가자들을 fMRI 안에 눕혀 놓고 발상의 순간을 포착했다. 예를 들어, 수학 영재들이 어려운 수학 문제를 풀 때, 창의적인 해법이 떠오르는 순간 그들의 뇌에서 무슨 일이 벌어지는지 촬영했다. 또 택시 운전자가 일방통행 길이 많은 런던 시내에서 목적지에 가기 위해 어떤 식으로 상황을 판단하는지 살펴보았다. 다시 말해, 간단하면서도 어려운 문제를 제시하고 풀어보게 하면서 '아하! 모멘트Aha! moment'를 포착하고 측정한 것이다.

그 결과, 창의적인 아이디어가 만들어지는 순간, 평

소 신경 신호를 주고받지 않던, 굉장히 멀리 떨어져 있던 뇌의 영역들이 서로 신호를 주고받는 현상이 벌어지더라는 것이다. 전두엽과 후두엽이, 측두엽과 두정엽이 서로 신호를 주고받으면서 함께 정보를 처리할 때 창의적인 아이디어들이 나오는 현상을 발견한 것이다. 과학자들의 추론과 달리 창의성은 전전두엽prefrontal cortex 같은 가장 고등한 영역에서 만들어지는 기능이 아니라, 뇌 전체를 두루 사용해야 만들어지는 능력이었다.

평소 연결되지 않는, 멀리 떨어져 있는 영역이 신호를 주고받고 연결된다는 것은 어떤 문제를 다른 각도로 바라보거나, 상관없는 개념들을 서로 연결하고, 추상적인 두 개념을 잇는 활동이 그들의 뇌에서 벌어지고 있는 것처럼 보인다. 창조의 신 뮤즈가 우리의 뇌에 영감을 제공할 때, 이렇게 뇌에서는 온갖 영역들이 한데 연결되는 광란의 파티가 벌어지는 모양이다.

정리하자면, 창의적 아이디어는 가장 고등한 능력

을 담당하는 전전두엽이나, 논리 언어 및 개념적인 생각을 담당하는 좌뇌 측두엽 언어중추만이 아니라, 인지, 주의 집중, 감정, 패턴 인식, 사회성 등 다양한 기능을 담당하는 뇌 영역들이 동시에 활성화될 때 만들어진다. 창의적 발상은 특정 영역의 국소화된 기능이 아니라, 평소 잘 연결되지 않거나 멀리 떨어진 영역이 서로 신호를 주고받으며 연결될 때 이루어지는 전뇌적인 현상인 것이다.

이 연구는 우리에게 어떤 통찰을 제공해줄까? 기업의 마케터나 연구소 연구원이 기발한 생활용품을 개발하려 한다고 가정해보자. 그러면 우리는 욕실이나 화장실과 관련된 개념 혹은 어휘들을 떠올리며 아이디어를 생각해내려 할 것이다. 생활용품과 관련된 책을 읽고, 생활용품 관련 인터넷 사이트를 돌아다니면서 발상을 끌어내려 애쓴다. 그런데 그럴 경우, 관련 분야 경쟁자들이 생각할 법한 아이디어에서 크게 벗어나기 어렵다. 반면, 생활용품이란 단어가 저장된 뇌 영역이 서로 멀리 떨어져 있는 다른 뇌 영역과 신호를 주고받으며 개념을 이을 때, 즉 상관없는 개념들을 상호 연결할 때 창의적인 아이디어가 나온다는 걸 뇌과학자들의 연구 결과가 보여준다.

그러니 혁신의 실마리를 찾으려면, 연구원과 마케터, 제품 기획자는 생활용품이 아닌, 전혀 엉뚱한 개념에서 생각을 출발해야 한다. 전혀 상관없어 보이는 자료나 책에서 아이디어의 실마리를 뒤져보라는 뜻이다. 그러면 쉽게 찾진 못하더라도 기발한 아이디어가 거기에서 나온다.

물론 직접적으로 상관없는 두 개념을 연결한다고 반드시 좋은 아이디어가 되는 건 아니다. 대개는 이상한 아이디어가 나올 것이다. 그래서 혁신으로 가는 길은 멀고도 험하다. 가끔 찾아오는 좋은 아이디어를 잘 잡아두어야 하는데, 확률이 낮다 보니 많은 시도를 하는 수밖에 없다.

그러기 위해서는 '퍼스트 펭귄The first penguin'이 되어야 한다. 혹독한 겨울을 남극 빙하의 한가운데서 보내고, 봄이 되자 물고기를 잡아먹기 위해 빙하의 끝으로 온 펭귄들은 바닷속으로 쉽게 들어가지 못하고 서성거린다. 바닷속에는 펭귄을 잡아먹으려는 물개가 기다리고 있기 때문이다. 이때 처음 바닷속으로 뛰어드는 펭귄을 '퍼스트 펭귄'이라고 부른다. 매우 도전적인 그들은 물개가 없는 영역에서 마음껏 물고기를 잡아먹는 호사를 누릴 수도 있고, 물개의 희생양이 되기도 한다. 매우 위험하지만 그만큼 얻게 되는 보상도 큰 리더를 우리는 '퍼스트 펭귄'이라 부른다. 그러면 이어서 재빠른 추종자들이 그 뒤를 따를 것이다. 그들은 좀 더 안전한, 그러나 작은 보상을 얻는다.

누구나 항상 위험을 감수하는 퍼스트 펭귄으로 살 순 없지만, 때론 위험 속에서 모험을 하는 기회를 잘 포착해야 한다. 그러기 위해서는 평소 작은 아이디어들을 만드는 법을 꾸준히 연습할 필요가 있다. 이 책은 여러분에게 그 연습의 길잡이가 돼줄 것이다. 아이디어는 이 책을 읽는 동안 만들어지는 것이 아니

라, 이 책을 다 읽고 여러분이 실행에 옮기는 과정에
서 만들어진다.

이 책의 결말은 마지막 책장을 덮는 순간 비로소
시작된다. 아이디어를 갈구하는 여러분 모두에게 건
투를!

정재승

KAIST 바이오및뇌공학과 교수

우연이 아니다. 과정이다 ....

1940년대에 출간된 책이 지금 같은 첨단 시대 크리에 이티브 종사자들에게도 중요한 의미를 가진다면, 도대체 그 이유는 무엇일까?

답은 간단하다.

"아이디어는 어디서 얻는가?"라는 질문에 명쾌하게 답해주기 때문이다.

제임스 웹 영은 짧지만 눈이 번뜩 떠지는 이 책에

서 위 질문에 대한 해답을 제시한다. 빈 페이지, 빈 화면이 오도카니 앉아 획기적인 아이디어를 기다리고 있을 때가 지금처럼 무서운 시대도 없다. 현재 우리가 처한 발전된 환경은 우리에게 더 좋은 아이디어, 더 많은 아이디어를 끊임없이 요구한다. 이런 때에 제임스 웹 영이 알려주는 단계들을 하나씩 하나씩 차례로 따라가다 보면, 어느새 그가 "유레카! 이거야!" 단계'라고 표현하는 그 짜릿한 발견의 순간을 누구나 맛보게 될 것이다.

내가 처음 이 책을 접한 것은 아직 크리에이티브 디렉터로 일할 때였다. 사실 그 당시까지 나는 아직 제임스 웹 영이라는 이름을 한 번도 들어보지 못했다. 그러나 광고계 사람들이 대부분 그렇듯 나 역시 윌리엄 번백의 열혈 추종자였다.

번백은 1950년대 말부터 60년대에 걸쳐 규칙을 깨는 여러 작업을 통해 광고계에 혁명을 몰고 온 인물이다. 그가 작업한 유명 브랜드가 여럿 있지만, 그중

에서도 폭스바겐의 비틀 광고는 아마 모르는 사람
이 없을 것이다. "Lemon(레몬)", "Think Small(작은 것
이 아름답다)" 같은 카피 문구로 비틀의 생김새와 합리
성을 콕 짚어주며 대형차밖에 모르던 미국인의 머릿
속에 작은 차에 대한 강렬한 인식을 심어준 장본인이
다. 그런 윌리엄 번백이 이 책의 서문을 쓴 것을 보고
나는 '그렇다면 한번 읽어봐야지!'라고 생각했다.

책을 펼쳐본 첫 느낌은 크리에이티브 과정을 이토
록 압축적이면서도 명쾌하게 기술한 책이 있었나 싶
을 정도였다. 나는 그 자리에서 이 책을 대량 주문했
다. 그리고 우리 부서 전체에 돌렸다. 아마 그 이후로
도 사람들에게 수백 권을 나눠주었던 기억이 난다.

이제 막 크리에이티브의 세계에 입문한 사람들에게
는 제임스 웹 영의 이 책이 일종의 안식처이자 길잡
이가 될 것이다.

아이디어를 생각해내는 것은 결코 '우연'이 아니라 '과정'

임을 보여주기 때문이다.

좀 더 경험 많은 사람들에게는 이 책이 일종의 위안이 될 것이다. 우리가 그동안 순전히 직관이라고 생각했던 것들이 실제로는 일련의 단계라고, 그래서 설명하고 가르치고 몇 번이고 반복할 수 있다고 알려주기 때문이다.

"나는 평생 아이디어라고는 가져본 적이 없어"라고 말하는 사람도 어쩌다 이 책을 손에 넣게 된다면 깜짝 놀랄 일이 벌어질지 모른다.

키스 레인하드

세계적 광고회사 DDB 월드와이드 명예회장

광고의 뼈와 살, 그리고 영혼 ....

제임스 웹 영이 내놓은 이 책은 아주 작은 책이다. 그러나 광고라는 주제에 관해서는 그 어느 학식 넘치고 자세한 교과서보다 더 귀중한 이야기를 들려준다. 이 책이 광고라는 커뮤니케이션 도구의 뼈와 살뿐만 아니라 영혼까지 이야기하기 때문이다.

제임스 웹 영이 이야기하는 주제는 '아이디어'다. 화학자라면 큰돈 들이지 않아도 인체를 구성하는 화학 물질들을 준비할 수 있을 것이다. 정작 화학자가 할 수 없는 일은 그 안에 생명을 불어넣는 것이다.

제임스 웹 영은 광고에서 바로 그 생명이자 혼이라고 할 수 있는 크리에이티브의 스파크, 즉 '아이디어'에 관한 글을 썼다. 단언컨대 우리 일을 하는 데 이보다 중요한 것은 없다.

크리에이티브라는 작업의 원리를 설명하면서 제임스 웹 영은 우리가 아끼는 위대한 사상가들의 전통을 이어받고 있다. 버트런드 러셀이나 알베르트 아인슈타인 같은 과학계 거목들이 이 주제와 관련해 비슷한 책을 썼던 사실을 상기해보면 제임스 웹 영이 얼마나 대단한 사람인지 알 수 있다. 이들이 입을 모아 말하는 것은 훌륭한 창의적 사고의 기초는 지식이지만, 그것만으로는 충분하지 않다는 사실이다.

지식은 반드시 소화 과정을 거쳐야 하고, 결국에는 참신하고 새로운 조합과 관계라는 형태로 드러나야만 한다.

아인슈타인은 이것을 '직관'이라 불렀고, 직관이야말로 새로운 통찰로 가는 유일한 길이라고 생각했다.

여러분이 떠올릴 아이디어의 수준은 장담할 수 없다고, 있는 그대로 말해줄 사람은 아마 제임스 웹 영밖에 없을 것이다. 여러분이 내놓는 아이디어의 수준은 여러분 인생에서 일어난 모든 힘이 작용한 결과다. 거기에는 여러분의 유전자까지 포함된다.

하지만 제임스 웹 영이 이토록 단순명료하게 그려주는 절차들을 하나씩 따라간다면 그 모든 힘과 여러분이 타고난 것들을 최대한으로 활용할 수 있을 것이다.

우리가 문제의 핵심을 인식할 수 있게 된 것은 전적으로 제임스 웹 영 덕분이다. 그는 오랜 세월 광고업계에서 일하며 커뮤니케이션이 성공할 수 있는 열쇠는 다름 아닌 아이디어 생산이라는 것, 마음에 와닿고 극적인 아이디어를 생산하는 것임을 알았다. 그는 이 점을 아주 설득력 있게 제시하면서 거기에 이르는 길까지 보여준다.

윌리엄 번백
DDB 월드와이드 창립자·카피라이터

생각이 책이 된다는 것 ....

여기 제시된 생각을 처음으로 세상에 내놓은 것은 시카고대학교 경영대학원 광고 수업 시간, 대학원생들 앞에서였다.

어느 일요일 오후, '월요일 수업 때 무슨 말을 하나' 고민하던 때, 이 주제와 관련된 문헌이 전혀 없다는 사실을 알게 되어 직접 한번 준비해본 것이다.

이 책의 심오한 주제는 전문 심리학자들이 다루는

게 맞을 것이다. 분명히 말하지만 나는 심리학자가 아니다. 그러니 이 책이 알려주는 요령들이 가치를 가진다면, 그건 오직 '아이디어'를 세상에 내놓으며 밥벌이를 해온 한 사람의 개인적 경험 범위 내의 결과라는 사실이다.

아이디어는 끊임없는 노력의 결과이기에, 평범한 사람도 분명 좋은 아이디어를 떠올릴 수 있다. 실무자들에게 강연했을 때의 편한 말투가 책에도 어쩔 수 없이 깃들어 있다. 부디 양해해주길.

제임스 웹 영

이야기의 시작

아이디어는 어디서 얻으세요? ....

내가 시카고에서 광고 에이전시 임원으로 있던 마지막 해의 일이다. 어느 날 전화 한 통을 받았다. 유명 매거진 기업의 광고 팀장이었다.

그는 중요한 일이라면서 즉시 좀 볼 수 있겠느냐고 했다. 얼마 지나지 않아 내 사무실에 도착한 그는 아직 숨이 차 보였다.

그가 말했다.

"오늘 저희가 회의를 했어요. 세일즈 직원 전체 회의요. 어떻게 하면 판매 실적을 향상시킬까 의논하는 자리죠.

작전 회의를 하면서 다른 잘나가는 출판사나 세일즈맨들의 판매 전략을 한번 분석해봤어요. 그런데 그중에서도 특히 인상적인 게 〈아메리칸 위클리〉를 팔고 있는 코블러 씨더라고요.

그분이 어떻게 그런 실적을 냈나 자세히 들여다봤더니, 결론은 하나뿐이었어요.

"그분은 지면을 파는 게 아니라, 아이디어를 팔고 있더라고요."

그는 흥분하며 말을 이었다.

"그래서 저거다! 우리도 저걸 해야 되겠다 결심했지요. 지금부터는 우리도 지면을 팔지 않는다, 내일 아침부터는 우리도 한 명도 빠짐없이 모두 '아이디어'를 판다! 이렇게요."

나는 근사한 생각이기는 한데, 대체 나랑 의논하고 싶은 게 뭔지 물었다.

그는 다소 의기소침한 표정으로 말했다.

"그래서 우리한테 필요한 게 뭔지는 알아냈어요. 아이디어를 팔아야 하죠. 좋다고요. 그런데 그다음부터 막혀버린 거예요. 아이디어를 대체 어디서 얻는 건지 도통 모르겠어요.

제가 '아마 제임스 웹 영은 말해줄 수 있을 거다'라고 말했죠. 그래서 여기 온 겁니다.

광고 아이디어를 엄청 많이 내셨잖아요. 도대체 그 아이디어들을 어디서 얻으시는 거죠? 지금 다들 저만 기다리고 있어요. 제가 돌아가서 알려주기로 했거든요."

그 질문 자체가 나에 대한 엄청난 칭찬이 아니었다면, 그리고 이 광고 팀장이 그렇게까지 진지한 표정이 아니었다면, 나는 아마 그쯤에서 폭소를 터뜨렸을 것이다.

당시 나는 그렇게 웃기고 순진한 질문은 처음이라고 생각했다.

물론 도움이 되는 답변을 전혀 주지 못했다.

과연 바보 같은 질문이었나? ....

그렇게 시간이 흘렀다. 그러나 하루하루 시간이 지나
도 그 질문이 나의 마음속을 떠나지 않았다.

"아이디어를 어디서 얻으세요?"

오히려 그 질문은 결코 잊을 수 없는 고민이 되어
돌아왔다.

"그래, 어디서 아이디어를 얻는가 말이다. 대관절."

어쩌면 이게 그렇게 바보 같은 질문이 아닐 수도 있

겠다는 생각이 들었다. 어쩌면 답이 있는 질문일지도
모른다. 그래서 이후에도 종종 나는 이 질문과 해답
을 생각해보게 됐다.

경험에서 도출한 생각

아이디어는 하늘에서
떨어지는 마법이 아니다 ....

나는 아이디어라는 게 늘 뭔가 신비로운 영역에서 온다
고 생각했다. 마치 이야기 속 남태평양 한가운데 떡 하
고 나타나는 섬처럼 뭔가 낭만적인 거라고 말이다.

고대 뱃사람들에 따르면 종종 지도상으로는 푸르
고 깊은 바다뿐인 곳에서 불현듯 수면 위로 아름다
운 산호섬이 출현할 때가 있다고 한다. 그래서 마치
그 위로 어떤 마법이 서려 있는 듯한 분위기를 자아
낸다고 말이다.

나는 아이디어도 그런 식이라고 생각했다. 생각의

수면 위로 설명할 수 없는 어떤 마법 같은 기운과 함께 아이디어가 불쑥 출현하는 것은 아닐까 하고.

하지만 남태평양의 산호섬은 수면 아래 있는 눈에 보이지 않는 수많은 산호가 열심히 활동한 결과라는 사실을 이제는 과학자들은 물론 누구나 알고 있다.

아이디어에도 공식이 있다 ....

나는 자문해봤다.

'아이디어도 혹시 산호섬 같은 게 아닐까? 눈에 보이지는 않지만 의식의 수면 아래로 진행되는 길고 긴 아이디어 쌓기 과정을 통해 나오는 최종 결과물이 바로 아이디어 아닐까?

만약 그렇다면 그 과정이 뭔지도 알아낼 수 있지 않을까? 그래서 그 과정을 의식적으로 따라간다면 아이디어 만들기 과정으로 우리가 활용할 수도 있는 것 아닐까?

그러니까 "아이디어는 어디서 얻는가?"라는 질문의 답을 어떤 공식이나 기법의 형태로 개발할 수는 없을까?'

지금 여기 내가 여러분 앞에 내놓는 앞으로의 이야기들은 바로 위와 같은 질문을 오래도록 고민한 결과다. 내가 함께 일했던, 아이디어 창출을 업으로 삼는 사람들을 옆에서 면밀히 지켜본 결과이기도 하다.

결과적으로 나는 아이디어를 생산하는 일이 포드 자동차를 생산하는 일만큼이나 명확한 하나의 '과정' 이라는 사실을 알게 됐다.

아이디어를 생산하는 과정도 조립 라인 위에서 이뤄진다.

그 과정에서 생각이 따라가는 '생산 기술'은 배울 수도 있고 조절도 가능하다. 그리고 이 기술을 얼마나 효과적으로 사용할 수 있느냐는 여느 작업 도구를 사용할 때와 마찬가지로 '기술을 연마'하기 나름이다.

내가 찾은 이 귀한 공식을 여러분에게 왜 선뜻 내어주느냐고 묻는다면, 경험으로 다음과 같은 두 가지

사실을 알게 되었기 때문이다.

첫째, 이 공식은 글로 써놓으면 너무 간단해서 다 듣고도 신뢰하는 사람이 별로 없다.

둘째, 공식은 간단하지만 이 공식을 따라가려면 아주 힘든 정신적 노동이 필요하다. 그래서 이 공식을 인정한다고 해서 모두가 이용하는 건 아니다.

그렇기 때문에 내가 밥벌이를 하고 있는 지금 이 시장에 공급과잉이 벌어질 일이 전혀 없다고 믿으며 공식을 널리 알리고자 한다.

파레토 법칙

두 종류의 사람, 사색가와 불로소득자 ⋯⋯⋯⋯⋯

앞서 "나는 평생 아이디어라고는 가져본 적이 없어"라
고 말하는 사람들 이야기를 했다.

주변에서 이 말을 들으면 처음으로 구체적인 질문
이 하나 떠오른다. '아이디어를 생산하는 기법이 있다
고 치더라도, 그걸 과연 모든 사람이 쓸 수 있는 걸
까? 아니면 혹시 어떤 특별한 능력을 타고나야만 아
이디어를 생산할 수 있는 건 아닐까? 사람들이 색깔
감각이라든지, 음정 감각, 혹은 카드놀이를 잘하는
감각을 타고나는 것처럼 말이다.'

이 질문에 대한 답을 내놓았던 인상적인 책이 한 권 있다. 이탈리아의 위대한 사회학자 파레토가 쓴 〈생각과 사회Mind and Society〉다.

파레토는 세상 사람들을 두 종류로 나눌 수 있다고 생각했다. 그 두 종류를 각각 '사색가'와 '불로소득자'라고 불렀다.

이 분류에서 그가 프랑스어로 말하는 '사색가spéculateur'는 영어의 '사색적인speculative'과 비슷한 의미로 사용한 것이다.

즉 사색가는 사색적인 유형의 사람이다.

파레토는 이 유형의 사람이 지닌 눈에 띄는 특징이 "새로운 조합의 가능성에 대한 생각에 늘 빠져 있는" 점이라고 했다.

일단 따옴표 속의 정의를 마음에 잘 새겨놓기 바란다. 나중에 다시 보게 될 테니. 특히 뭔가를 오랫동안 품고 부화시키는 듯한 '빠져 있는'이라는 단어에 주목해주기 바란다.

파레토는 이 사색적 유형의 사람에 금융 또는 비즈니스 전략을 다루는 기업가만을 포함시키는 것이 아니다. 그가 '정치적, 외교적 재건'이라고 부르는 것에 종사하거나 온갖 것을 발명하는 사람들까지 포함시킨다.

간단히 말해 이 유형에는 루스벨트 대통령처럼 현 상태를 그대로 두지 못하고 어떻게 하면 바꿀까 늘 고민하는 사람이라면 분야를 막론하고 누구나 다 포함된다.

다른 하나의 유형을 설명하려고 파레토가 사용한 단어는 '불로소득자rentier'다. 영어로 옮기면 '주주 stockholder'인데 내가 듣기에는 마치 '깡통 주식 주주'를 말하는 것 같다. 파레토는 이들이 판에 박히고, 늘 똑같고, 상상력이 부족하며, 지키는 데만 관심 있는 사람들이라 사색가에게 조종당한다고 말한다.

파레토 이론이 사회 집단 하나를 통째로 설명하기에 얼마나 적절한가에 대해서는 각자 생각이 다를 것이다. 하지만 이런 두 가지 유형의 사람들이 있다는 점에 대해서는 아마 수긍이 갈 것이다. 그들이 그렇

게 태어난 것인지 아니면 환경이나 교육을 통해 그렇
게 만들어진 것인지는 중요하지 않다. 어쨌든 그들은
지금 그런 모습을 보이고 있다.

사색가는 바로 우리 자신이다 ....

만약 파레토의 이론과 말이 맞다면 그 어떤 아이디어 생산 기법도 전혀 도움이 되지 않을 사람도 분명히 많이 있을 것이다.

그러나 내가 파레토의 법칙에서 가져오고자 하는 개념은 두 부류의 사람으로 나뉘니 그대로 인정해버리자는 것이 아니다.

내가 논의하고 싶은 지점은 사색가 내지는 '이 세상의 재건자'라고 하는 사람들이 아주 큰 집단이라는 사실이다.

아이디어를 생산해내는 선천적 능력이라는 게 혹시 있다면 결코 희귀한 능력은 아니다.

그래서 하느님의 자녀가 모두 다 날개를 가질 수는 없더라도, 우리 각자가 어쩌면 '나도 그런 사람이 아닐까' 하는 희망 정도는 충분히 품어볼 만하다고 생각한다.

어쨌거나 나는 적어도 광고에 매혹된 사람이라면 아마도 '사색가 혹은 이 세상의 재건자'에 속하는 사람일 거라 생각한다. 그러니 어느 정도의 창의력은 있을 테고, 이 창의력은 다른 여러 능력과 마찬가지로 의도적인 노력을 통해, 더 잘 활용할 수 있는 요령을 익힘으로써 고양시킬 수 있다.

아이디어 생산의 기초

모든 과정에는 원리와 방법이 있다 ....

그러면 이제 우리한테 어느 정도는 아이디어를 창출할 타고난 능력이 있다고 치고, 다음과 같은 실용적 질문을 해보자.

"그 능력을 개발할 방법은 뭘까?"

어떤 기술을 배우든, 가장 기본적이고 중요한 것은 두 가지다.

첫째가 '원리', 둘째가 '방법'이다. 이는 아이디어를 생산하는 기술에서도 마찬가지다.

개별 지식은 아무것도 아니다. 왜냐하면 그런 것은

로버트 허친스Robert Hutchins 박사가 "빠르게 노화하는 팩트"라고 부른 것에 불과하기 때문이다. 중요한 것은 원리와 방법이다.

그러니 수천 개 광고에서 사용된 광고 유형의 이름이나 그 제작에 들어간 비용, 수수료, 마감일 같은 것을 알더라도, 또 학교 선생님보다 더 많은 문법과 수사법을 알더라도, 방송국 사람보다 더 많은 TV 출연자의 이름을 알고 있더라도, 여전히 '광고인'은 아닐 수 있다. 광고가 작동하는 원리와 기본적 방법을 아직 모르기 때문이다.

반면에 위와 같은 것을 하나도 모르더라도 광고의 원리와 방법에 대한 통찰이 있다면 기술자를 고용해서 쓸 만한 광고물을 만들어낼 수도 있다. 때때로 제조사나 판매사가 자신들이 고용한 광고회사나 그 담당자보다 더 훌륭한 광고인인 경우를 목격하게 되는 것은 이 때문이다.

아이디어를 생산하는 기술도 마찬가지다.

우리가 알아야 할 가장 중요한 사항은 '특정 아이디어를 어디서 찾아내느냐'의 문제가 아니라 '모든 아이디어가 생산될 수 있는 방법을 사고방식 안에서 어떻게 훈련할 것인가' 하는 점과 '모든 아이디어의 근원이 되는 "원리"를 어떻게 이해할 것인가' 하는 점이다.

아이디어 생산의 원리

오래된 것들을 결합한다 ······························

아이디어를 생산하는 데 바탕이 되는 일반 원리와 관
련해 중요한 점은 두 가지다.

첫 번째는 앞서 파레토의 말을 인용하면서 잠깐 보
았다. 바로 '아이디어는 오래된 요소들의 새로운 조
합, 그 이상도 이하도 아니다'라는 점이다.

아이디어의 생산과 관련해, 아마 이 점이 가장 중요
한 사실일 것이다. 그러나 자세한 설명은 나중에 '방
법'을 논할 때를 위해 남겨두도록 하겠다. 그때 가면
이 부분을 직접 적용해보면서 이 사실이 왜 중요한지
더 분명하게 알 수 있을 것이다.

요소들의 관계성을 파악한다 ·······························

두 번째 중요한 원리는 오래된 요소들을 가지고 새로
운 조합을 만드는 능력이 '관계'를 보는 능력에 크게
의존한다는 점이다.

　나는 아이디어 생산 과정에서 사람들 사이에 가장
차이가 크게 벌어지는 부분은 바로 이 지점이라고 생
각한다.

　누구에게는 하나하나의 '팩트'가 뚝뚝 떨어진 지식
으로 보이는 반면에, 누구에게는 사슬처럼 연결된 지
식의 고리로 보인다. 팩트에는 관계와 유사성이 있다.

중요한 것은 팩트 자체라기보다 일련의 팩트에 일반 법칙이 적용되는 모습을 발견하는 것이다.

이 점은 광고와 정신분석학 사이의 관계를 예로 들어보면 좀 더 쉽게 알 수 있다. 언뜻 보면 둘 사이에 무슨 관계가 있을까 싶을 것이다. 하지만 정신분석학 연구자들은 언어가 환자의 삶에 아주 깊은 영향을 미친다는 사실을 발견했다. 언어는 정서적 경험의 상징이기 때문이다.

해럴드 라스웰Harold Lasswell 박사는 언어와 상징에 관한 정신분석학자들의 연구 결과를 정치 행동이라는 분야에 적용해 정치 선전에서 언어의 상징이 어떤 정서적 힘을 발휘하는지 보여주었다.

관계를 잘 알아보는 사람이라면 이렇게 언어를 상징으로 사용하는 것과 관련해 이를 광고에 활용할 수 있는 질문도 몇 가지 떠오를 것이다.

'헤드라인에서 단어 하나만 바꿔도 광고 반응이 50퍼센트가 달라지는 게 이 때문일까? 정서적 상징으로서 언어를 공부하는 편이 수사법의 일부로서 언어를 공부하는 것보다 더 좋은 광고 교육이 될까? 내가 이 광고에 충분히 싣고 싶은 감정을 가장 잘 불러일으킬 수 있는, 한 단어로 된 상징은 뭘까?' 등등 여러 생각이 날 것이다.

물론 중요한 것은 이런 종류의 관계들이 보이면 거기서부터 일반 원칙을 추출할 수 있다는 점이다. 이 일반 원칙을 잘 이해하면 새로운 응용이나 조합으로 가는 열쇠를 얻을 수 있다. 그리고 그 결과로 나오는 게 바로 아이디어다.

결과적으로 아이디어 생산을 위해서는 팩트 사이의 관계를 찾으려는 사고 습관을 기르는 게 중요하다. 이 습관은 분명히 훈련으로 키울 수 있다.

광고인들을 위해 감히 내가 제안한다면, 관계를 찾는 사고 습관을 키우는 가장 좋은 방법은 사회과학을 공부하는 것이다.

따라서 광고를 다룬 수많은 책보다 오히려 소스타인 베블런Thorstein Veblen의 〈유한계급론〉이나 데이

비드 리스먼David Riesman의 〈고독한 군중〉 같은 것이 광고인에게는 더 좋은 책이다.

아이디어 생산의 기술

한 단계도 빠질 수 없는 5가지 과정 ....

아이디어는 새로운 조합이라는 원리, 새로운 조합을
만드는 능력은 관계를 보는 능력을 통해 고양된다는
원리. 이 두 가지 원리를 염두에 두고, 이제 아이디어
가 실제로 생산되는 과정과 방법을 살펴보기로 하자.

앞서 말한 것처럼 우리가 아이디어를 생산할 때는
포드 자동차를 생산할 때만큼이나 명확한 방법을 따
른다.

다시 말해 이런 용도로 생각을 사용하는 '기술'이
있다. 아이디어가 생산될 때는 언제나 의식적이든 무

의식적이든 이 기술을 따른다. 이 기술은 의식적으로 연마할 수 있고, 따라서 아이디어를 생산하는 능력도 향상될 수 있다.

이 기술은 총 5단계로 되어 있다. 아마 누구나 이 단계들을 개별적으로는 인식할 수 있다. 다만 중요한 것은 이것들 사이의 관계를 알아보고, 마음이 일정한 순서에 따라 이 5단계를 밟는다는 사실을 이해하는 것이다. 앞의 단계가 완료되기 전에 뒤의 단계 중 하나가 일어나는 일은 불가능하다. 그런 식으로는 아이디어가 생산될 수 없다.

자료를 수집하라 ··

첫 번째 단계는 원재료, 즉 자료를 수집하는 단계다.

너무나 간단하고 당연한 것 아니냐고 느끼겠지만, 실무에서 이 단계가 얼마나 많이 무시되는지 알면 깜짝 놀랄 것이다.

제대로 자료를 수집하는 일은 보기만큼 그렇게 간단하지 않다. 아주 귀찮은 과정이기 때문에 우리는 어떻게든 이 과정을 피해보려고 끊임없이 애를 쓴다. 우리는 자료 수집에 보내야 할 시간을 멍한 공상으로 보내는 경우가 아주 많다. 체계적으로 자료를 수집하는 대신에 가만 앉아서 영감이 '탁!' 하고 떠오르기만 기다린다. 이것은 아이디어 생산 과정의 앞 단계는 모두 기피하면서 곧장 4단계를 달성하려는 행동과 같다.

우리가 수집해야 할 자료는 두 종류다. 구체적인 자료가 하나, 일반적 자료가 둘이다.

광고에서 구체적 자료란 해당 제품 및 그 제품을 구매할 사람과 관련된 자료다. 우리는 제품과 소비자를 속속들이 알아야 한다고 말은 자주 하지만, 실제로 그를 위한 노력은 거의 하지 않는다.

아마도 제품이나 그 제품과 관련된 사람들에 대한 '진짜' 지식을 얻기가 쉽지 않기 때문일 것이다. 이 과정은 누군가 기 드 모파상Guy De Maupassant에게 글쓰기를 배우는 방법으로 추천한 내용과 비슷하다.

어느 선배 작가는 기 드 모파상에게 이렇게 추천했다고 한다.

"파리의 거리로 나가. 그리고 택시 운전사를 한 명

골라. 아마 다른 택시 운전사들과 똑같이 보이겠지. 하지만 잘 관찰해보는 거야. 자네 글에서는 한 명의 개인으로 보일 수 있을 때까지 그 사람을 묘사해보는 거야. 세상의 그 어느 택시 운전사와도 다르도록 말이야."

'제품과 소비자를 속속들이 알아야 한다'는 진부한 말의 진짜 의미는 바로 이것이다. 대부분의 사람들은 그렇게 되기 전에 너무 일찍 그만둔다. 우리는 표면적 차이가 극명하지 않으면 아무 차이가 없다고 쉽게 가정해버린다.

하지만 충분히 깊이 혹은 멀리 들어가면 언제나 모든 제품과 일부 소비자 사이에는 개별적인 관계가 있고, 바로 그 관계가 다시 아이디어로 이어질 수 있음을 알게 된다.

어느 유명한 비누 광고를 예로 들어보겠다.

처음에는 이 비누에 관해 다른 수많은 비누와의 차이점이라고 내세울 만한 게 아무것도 없을 것 같았다. 하지만 피부나 머리카락과 비누의 관계에 대한 연구 결과가 하나 있었다. 해당 주제에 관해 꽤 큰 책한 권 분량의 결과를 내놓은 연구였다. 결국 이 책에서 카피 아이디어가 나왔고, 이 아이디어를 가지고 해당 제품은 이후 5년간 광고를 계속했다. 같은 기간 동안 비누 판매는 10배가 늘었다. '구체적 자료 수집'이란 바로 이런 뜻이다.

구체적 자료 수집만큼이나 중요한 것이 일반적 자료를 수집하는 부단한 과정이다.

광고계에서 내가 만난 정말로 훌륭한 크리에이티브 담당자들에게는 언제나 눈에 띄는 특징이 두 가지 있었다.

첫째, 그들은 세상 그 어떤 주제에도 금세 흥미를 느꼈다. 예컨대 이집트인들의 매장 풍속에서부터 모던 아트에 이르기까지 정말 주제를 가리지 않았다. 그들에게는 삶의 모든 측면이 매혹이었다.

둘째, 그들은 온갖 분야의 정보를 광범위하게 찾아보았다. 광고인에게 정보 검색 없이는 결과도 없기 때문이다.

이런 일반적 자료 수집이 중요한 이유는 앞서 말한

원리가 바로 여기에 적용되기 때문이다. 아이디어는 여러 요소의 새로운 조합 그 이상도, 이하도 아니라고 했던 것 말이다.

광고에서 아이디어란 제품과 사람에 대한 '구체적 지식'과 삶과 사건에 대한 '일반적 지식'을 새롭게 조합한 결과다.

이 과정은 마치 만화경 속에서 일어나는 일과 비슷하다. 알다시피 만화경은 종종 디자이너들이 새로운 패턴을 찾을 때 이용하기도 하는 물건이다.

만화경 속에는 작은 색유리 조각들이 들어 있는데 프리즘을 통해 보면 온갖 기하학적 모양이 나타난다. 만화경의 손잡이를 돌릴 때마다 이 작은 유리 조각들이 움직여 새로운 관계가 만들어지고 새로운 패턴이 나타난다. 만화경 속에서 일어날 수 있는 새로운 조합의 수학적 가능성은 어마어마하다. 속에 들어 있는 유리 조각의 수가 많을수록 새롭고 놀라운 조합이 나타날 가능성도 더 커진다.

광고를 위한 아이디어의 생산이든, 그 무엇이든 모

두 마찬가지다.

광고를 만드는 것은 우리가 살고 있는 만화경 세상 속에 새로운 패턴을 만드는 일이다.

패턴을 만드는 기계 속에 세상의 더 많은 요소를 쌓아둘수록 새롭고 놀라운 조합, 그러니까 아이디어를 만들어낼 확률도 더 높아진다. 일반 대학 과목의 '실용적' 가치를 의심하는 광고 전공자는 이 점을 한 번 생각해볼 만하다.

그래서 이게 아이디어를 생산하는 기술의 첫 단계다. '자료의 수집.'

앞으로도 보겠지만 이것은 업무의 일환이기도 하고, 평생 해나가야 할 과제이기도 하다.

인덱스 카드와 스크랩북의 힘 ....

다음 단계로 넘어가기 전에 이 자료 수집 과정과 관
련해 실용적인 조언을 두 가지 하려 한다.

첫 번째는 구체적 자료 수집의 양이 방대할 경우
'카드 인덱스법'을 알아두면 유용하다는 점이다.

복잡할 것은 없고, 흔히 보는 가로세로 3인치, 5인
치의 줄 쳐진 카드를 사서 구체적 정보를 수집할 때
마다 항목을 적어두면 된다. 카드 한 장에 항목 하나
씩 적다 보면 얼마 후에는 이것들을 주제에 따라 분
류할 수 있고, 결국에는 항목들이 말끔히 분류된 카

드 박스 하나가 생겨날 것이다.

이 방법은 많은 장점이 있다. 먼저 작업을 질서 있게 할 수 있고, 부족한 지식이 무엇인지 알 수 있다. 또 자료 수집이라는 업무를 게을리하지 않을 수 있다. 마지막으로 글로 표현된 자료를 하나씩 검토할 수밖에 없기 때문에 머릿속에서 아이디어 생산 과정을 제대로 준비할 수 있다.

두 번째 조언은 특정 형태의 일반적 자료를 비축할 때는 스크랩북이나 파일 같은 일정한 방법을 사용하는 게 유용하다는 점이다.

셜록 홈즈 시리즈 여기저기에 등장하는 유명한 스크랩북을 기억할 것이다. 홈즈는 여유가 날 때마다 자신이 수집해놓은 괴상한 자료들의 색인을 만들고 상호 관계를 표시해둔다.

우리가 우연히 발견하는 휘발성 자료의 양은 어마어마하다. 이것들이 모두 아이디어 생산 공장의 원료가 될 수 있다.

신문 클립, 잡지 기사, 내가 관찰한 내용 등 모두 말이다.

이런 자료들을 가지고 유용한 아이디어 자료집을 만들 수도 있다.

언젠가 나는 그런 자료집에 다음과 같은 의문을 적어둔 적이 있다. "왜 남자들은 모두 첫아이가 사내아이기를 바랄까?" 5년 후 이 문장은 내가 만든 광고의 헤드라인이 됐고, 내가 만든 가장 큰 성공작 중 하나이다.

정신적으로 소화하라 ....

자, 자료 수집 과정을 정말 열심히 했다고 치자. 첫
단계를 아주 성실히 끝냈다. 그러면 생각이 거쳐야
할 그다음 과정은 뭘까? 소화를 위해 음식을 씹듯이
이 자료들을 꼭꼭 씹는 일이다.

　이 과정은 전적으로 머릿속에서 벌어지는 일이기
때문에 구체적 언어로 표현하기가 더욱 힘들다.

　**그동안 수집한 자료의 이곳저곳을 마음의 촉수로 하나
하나 더듬어보아야 한다.**

팩트 하나를 골라서 이리저리 뒤집어보고, 다른 각도로 들여다보고, 의미를 새롭게 느껴보아야 한다. 팩트 두 개를 모아서 그것들이 서로 어떻게 맞아 들어가는지 보아야 한다.

지금 우리는 '관계'를 찾고 있다. 퍼즐 조각처럼 모든 게 말끔한 조합으로 맞아 들어가는 '종합'을 찾고 있다.

이때 묘한 부분이 있다. 때로는 팩트를 너무 곧이 곧대로, 문자 그대로 보지 '않아야' 그 팩트가 자신의 의미를 더 빨리 뱉어놓는다. 옆으로 흘끗 보았을 때만 날개가 보이는 신화 속 헤르메스를 기억할 것이다. 바로 그런 식이다. 사실은 의미를 '찾는다'기보다 의미에 '귀를 기울인다'는 표현이 더 적합할 정도다. 이 단계를 밟고 있을 때 크리에이티브 종사자들은 흔히 '정신이 어디 팔려 있느냐'는 소리를 듣는다.

이 과정을 거치는 동안 두 가지 일이 벌어질 것이다.

첫 번째로 잠정적인 혹은 부분적인 작은 아이디어들이 모습을 드러낼 것이다. 그것들은 잘 적어두라.

아무리 미친 소리 같고 불완전해 보여도 상관없으니 일단 적어두라.

이것들은 앞으로 나타날 진짜 아이디어의 전조들이다. 이것들을 말로 표현해두면 우리가 밟고 있는 아이디어 생산 과정의 속도를 더 높일 수 있다. 역시나 이때도 앞서 말한 줄 쳐진 카드를 사용하면 유용하다.

두 번째로 일어나는 일은 얼마 못 가서 퍼즐 조각 맞추기에 지쳐버린다는 사실이다. 하지만 너무 빨리 지치지는 않도록 하라. 우리의 정신에도 제2의 호흡이라는 게 있다. 이 단계에서는 적어도 이 두 번째 정신력까지는 발휘하도록 하라. 떠오르는 부분적 생각들을 카드에 계속 적도록 하라.

그러나 얼마간 시간이 지나면 더 이상은 무언가를 바랄 수 없는 상태가 될 것이다. 머릿속에서 모든 게 뒤죽박죽 섞여서 도저히 뚜렷한 통찰을 찾을 수 없는 시점이 올 것이다. 이 지점에 도달하면, 퍼즐을 맞춰보려는 노력을 정말로 열심히 했다면 아이디어 생

산이라는 전체 과정의 두 번째 단계는 완료한 것이니
세 번째로 넘어가면 된다.

휴식을 주어라 ....

세 번째 단계에서는 직접적인 노력은 아무것도 필요
없다. 모든 주제를 내려놓고 고민하는 문제에 대한
생각을 머릿속에서 최대한 몰아내라. 이 역시 아이디
어 생산 과정에서 앞선 두 단계만큼이나 명확하고 반
드시 필요한 단계라는 사실을 깨닫는 게 중요하다.
이번에 우리가 해야 할 일은 고민하는 문제를 무의식
으로 보내서 잠자는 동안 해결되게 하는 것이다.

　고민하는 문제를 의식으로부터 몰아내고 무의식의
창의적 과정을 자극하기 위해 이 단계에서 우리가 할

수 있는 일이 하나 있다.

셜록 홈즈가 사건을 한창 해결하던 도중 모든 것을 멈추고 왓슨을 음악회에 불러내는 장면을 기억할 것이다. 실용적이고 고지식한 왓슨에게는 이게 아주 짜증나는 과정이었다. 하지만 코난 도일은 창의적인 사람이었고 크리에이티브의 과정이 어떻게 진행되는지 제대로 알고 있었다.

그러니 아이디어 생산 과정의 이 세 번째 단계가 되면 고민 중인 문제를 완전히 내려놓고 자신의 상상력과 감성을 자극할 수 있는 것으로 눈을 돌려라.

음악을 듣고, 영화나 연극을 보고, 시나 추리소설을 읽어라.

첫 번째 단계에서 우리는 일용할 양식을 수집했다. 두 번째 단계에서는 꼭꼭 잘 씹었다. 이제는 소화할 차례. 가만히 둬라. 대신에 위액이 잘 나오게끔 자극을 줘라.

느닷없이 눈앞에
아이디어가 나타난다 ....

앞선 세 단계에서 해야 할 일을 충분히 했다면 네 번
째 단계를 경험하는 것은 거의 확실하다. 느닷없이
아이디어가 나타날 것이다. 아이디어는 결코 생각도
못하고 있을 때 떠오른다. 면도를 하거나 목욕을 하
다가, 혹은 가장 흔하게는 아침에 반쯤 잠에서 깨었
을 때 떠오른다.

　메리 로버츠 라인하트Mary Roberts Rinehart의 경
우에는 다음과 같은 방식으로 아이디어가 떠오른다
고 한다. 〈미스 핑커턴Miss Pinkerton〉에서 그녀는 캐

릭터를 통해 이렇게 말한다.

"이글Eagle사의 카피 때문에 녹초가 됐다. 이걸 멀찌감치 치워두고 나중에 다시 읽어볼 요량이었다. 그런데 그 순간 뭔가가 떠올랐다. 전에도 이런 적이 있다. 뭔가 열심히 퍼즐을 맞추다가, 점점 미궁에 빠져 포기해버리면, 그제야 갑자기 아무 이유도 없이 머릿속에서 해답이 툭 튀어 오르곤 했다."

그림이나 사진에서 화면의 밝기가 중간 정도인 색조를 가리키는 하프톤half-tone 인쇄를 발명한 아이브스Ives도 비슷한 얘기를 했다.

"이타카에서 연판 인쇄작업을 하다가 나는 하프톤 처리의 문제점을 자세히 알게 됐다(1단계). 이 문제 때문에 골머리를 앓다가 잠자리에 들었는데(2단계가 끝나고 3단계 시작) 아침에 잠에서 깨자마자(3단계 끝) 눈앞의 천장에 전체 과정과 필요한 장비가 마치 그림처럼 펼쳐졌다(4단계)."

아이디어는 바로 이런 식으로 나타난다.

더 이상 쥐어짜내려는 노력을 그만두고 조사도 멈추고

마음을 편히 먹은 채 쉬는 기간을 보내야 한다.

그러니 아이작 뉴턴이 만유인력의 법칙을 발견한 일화도 아마 그게 진실의 전부는 아닐 것이다. 누군가 뉴턴에게 어떻게 그런 발견을 했느냐고 묻자 뉴턴은 이렇게 답했다고 하지 않는가.

"끊임없이 생각했어요."

뉴턴이 만유인력의 법칙을 발견할 수 있었던 것은 끊임없이 그 생각을 하고 있었기 때문이다. 하지만 일화의 내막을 전부 다 알 수 있다면 아마 진짜 해답은 그가 시골길을 산책할 때 떠올랐을 거라는 게 내 짐작이다.

주변에 내놓아 우선 검증하라 ....

아이디어 생산 과정을 완수하려면 한 가지 단계를 더
거쳐야 한다. 어쩌면 아침이 오기 전, 차가운 회색 새
벽이라고 불러야 할지도 모르겠다.

이번 단계는 이제 막 탄생한 내 자그마한 아이디어
를 현실이라는 세상에 내놓는 단계다. 이 단계를 겪
다 보면 처음에 탄생할 때 생각했던 것만큼 내 아이
디어가 그렇게 대단한 '기적 같은 아이'는 아니라는
사실을 발견할 가능성이 크다.

대부분의 경우 아이디어를 주어진 여건에 정확히

맞추려면 상당한 인내와 노력이 필요하다. 일정상 서두를 수밖에 없는 경우도 많다. 이런 과정에서 좋은 아이디어가 많이 사장되기도 한다. 아이디어를 내는 사람들은 발명가와 마찬가지로 바로 이 각색 과정을 잘 참아내지 못하거나 실용적인 태도가 부족한 경우가 많다. 하지만 이 일을 해야 하는 사람으로서 매일매일 아이디어를 내놓으려면 이 과정을 거칠 수밖에 없다.

이 단계에서 아이디어를 꼭 끌어안고 있는 우를 범해서는 안 된다. 판단해줄 사람들에게 비평을 받을 수 있게 아이디어를 제출하라.

그리고 나면 놀라운 일이 펼쳐질 것이다. 좋은 아이디어는 스스로 팽창하는 성질이 있다는 것을 알게 될 것이다. 좋은 아이디어는 그것을 보는 사람들에게도 자극을 주어 의견을 추가하게 만든다. 그렇게 해서 자신은 미처 보지 못했던 가능성들이 하나씩 드러나게 될 것이다.

이 책을 쓴 후 떠오른 몇 가지 생각

아이디어를 생산하는 5단계

그렇다면 아이디어를 생산하는 방법 혹은 전체 과정
은 아래와 같다.

첫째, 자료를 모은다. 당면한 문제와 관련된 자료와 일반
적 지식 둘 다를 꾸준히 저장하면서 점점 풍부해진 자료를
수집한다.

둘째, 머릿속에서 이 자료들을 꼭꼭 씹어서 소화시킨다.

셋째, 부화 단계. 의식적 생각이 아닌, 다른 것들이 종합 작용을 할 수 있게 내버려둔다.

넷째, 실제로 아이디어가 탄생하는 단계. "유레카! 이거야!" 단계.

다섯째, 아이디어를 실용적 용도에 맞게 개발하고 다듬는 마지막 단계.

창의적 인간에게는
모든 것이 유의미하다

이 책의 앞선 판들을 읽은 독자들이 내게 편지를 많이 보내주었다. 이 자리를 빌려 감사를 표하고 싶다. 가장 기쁜 편지는 내 처방을 그대로 따랐는데 좋은 결과가 있었다며 "효과를 봤어요!"라고 보내오는 편지들이다.

그런 분들 중에 다수가 광고와는 전혀 상관없는 창의적 분야에 종사하고 있었다. 시인, 화가, 엔지니어, 과학자, 심지어 법률 문서를 작성하는 사람까지 있었다. 그들은 내 설명이 자신의 경험과 꼭 일치한다는 얘기를 들려주었다. 이런 증거들이 이제 막 이 책에서 소개한 방법을 시도해보려는 사람들에게도 용기가 되기를 바란다.

광고계뿐만 아니라 정부의 활동이나 공익 사업을 함께 추진하며 겪었던 내 경험들에 비춰보더라도 내가 설명한 아이디어 생산 과정에서 크게 수정해야 할 부분은 찾지 못했다. 하지만 더 강조하고 싶은 부분은 있다. 아이디어를 생산하고 싶을 때 비축 창고에 쌓아갈 '일반적' 자료에 관한 내용이다.

몇 년 전부터 나는 뉴멕시코주에 집을 마련해 1년의 대부분을 이곳에서 생활하고 있다. 그러다 보니 전혀 새로운 많은 주제에 관심이 생겼다. 인디언들의 삶이라든가, 스페인의 지배 역사, 토착민들의 수공예품, 원시인들의 풍속 같은 것들까지 말이다.

그러다가 이 지역 토산물에 대한 마케팅 아이디어가 몇 가지 떠올랐다. 나는 그중 하나로 수공예 넥타이부터 작업을 시작했다. 광고도 몇 개 써보고 카피 테스트도 진행했다. 그 결과 수익도 꽤 쏠쏠한 흥미로운 사업 하나가 생겼다.

핵심은 이것이다. 남서 지방과 이쪽 사람들에 관한 일반적 지식으로부터 내 사업 아이디어가 나왔을 뿐만 아니라, 개별 광고를 위한 특정 아이디어도 모두 이 일반적 지식에서 나왔다는 점이다. 내가 만약 인디언 설화나 중남미 역사, 스페인 언어, 수공예 철학 등등에 그 자체로 관심이 없었다면, 이렇게 효과적인 광고를 만들어낼 자료 저장고를 하나도 비축하지 못했을 것이다.

나는 실제로 이 원리가 맞다는 사실을 천 번도 넘게 경험했다. 세상에는 충분히 살아보지 않고서는 절대로 쓸 수 없는 광고도 있다. 배우자로, 부모로, 사업가로 특정 경험을 하며 직접 살아보기 전까지는 쓸 수 없는 광고 말이다. 일부러 '삶의 폭을 넓히지 않겠다, 정서적으로 살지 않겠다'고 작정하지 않는 이상, 세월이 몇 바퀴 도는 동안 분명 무언가가 우리의 저장고를 채워준다.

하지만 우리는 간접적으로도 경험을 어마어마하게 확장할 수 있다. 아마도 〈사드 하커Sard Harker〉의 저자였지 싶다. 내가 알기로 그는 남아메리카에 한 번도 가본 적이 없는데도 그곳에 대한 근사한 모험 소설을 썼다. 그러나 나는 이런 간접경험을 가장 잘 쌓을 수 있는 방법은 당장의 어떤 목적을 위해 노력할 때가 아니라 그 자체로서 어떤 것을 추구할 때라고 생각한다.

물론 대학을 졸업하면서 나에게 교육이란 모두 끝났다고 생각한다면, 예컨대 죽어도 베개 밑에 제인 오스틴의 소설을 넣어둘 일은 없다고 생각한다면, 그 이상 생각할 필요는 없다. 그 경우에는 19세기 영국의 지주계급이 '상업'에 종사하는 사람들을 얼마나 비웃었는지, 그리고 지금 이 나라 허드슨강 유역에 사는 사람들이 왜 똑같은 짓을 하고 있는지 절대로 이해하지 못할 것이다. 그렇다면 언젠가 '부유층'을 위한 '속물근성에 호소하는' 아주 효과적인 광고를 만들 방법은 없어질 수도 있다. 물론 이들은 이제 사라지고 있는 인류이니 크게 문제가 되지 않을 수도 있다.

하지만 아이디어를 생산해야 하는 직업을 갖고 있다면 직접적 경험이든, 간접적 경험이든 끊임없이 경험을 확장해야 한다는 원칙만큼은 아무리 강조해도 지나치지 않다. 이 점만큼은 결코 놓쳐서는 안 된다.

또 하나 여러분에게 용기를 줄 만한 사항이 있다. 아마 여러분도 분명 아이디어, 특히 좋은 아이디어가 '머리에서 곧장 팍팍 튀는' 사람들을 보았을 것이다. 내가 설명한 이 모든 과정을 하나도 거치지 않고서도 말이다.

우리는 때로 '유레카! 이거야!' 단계만을 목격할 때도 있다. 하지만 또 어떤 때는 여기 설명된 긴 과정을 실천해서 결실을 맺는 경우도 목격한다. 이 과정을 실천하면 머릿속 비축고가 가득 차고, 팩트들 사이의 관계도 금세 알아보게 된다. 그래서 결과적으로 그렇게 빠른 아이디어 생산도 가능해진다.

또 하나 내가 조금 더 부연 설명하고 싶은 것은 언어에 관해서다. 우리는 종종 언어가 그 자체로 아이디어라는 사실을 잊어버리곤 한다. 언어가 움직임의 중간에 멈춰 있으면 아이디어라고 불릴 수도 있다. 언어를 완전히 숙달하면 아이디어가 다시 생기를 띠기도 한다.

예를 들어 '의미론semantics'이라는 단어를 한번 보

자. 광고에서 이 단어를 사용할 일은 전혀 없다고 보는 게 맞을 것이다. 하지만 내 단어집 속에 이 단어가 있으면 그 단어를 상징으로 사용할 수 있는 수많은 아이디어가 생길 테고 그 상징은 실제로 아주 실용적인 가치를 띨 수도 있다.

다시 말해 단어란 아이디어의 상징이기 때문에 우리는 단어를 수집함으로써 아이디어를 수집할 수 있다.

사전을 읽어보려 했지만 스토리를 이해할 수 없었다고 말하는 사람은 요점을 놓친 것이다. 사전이란 작은 이야기들의 컬렉션이기 때문이다.

지은이

제임스 웹 영
James Webb Young

미국 광고계에 혁신적 발자취를 남긴 카피라이터다. 1946년 '올해의 광고인'으로 선정되었고 '광고의 전당'에 이름을 올린 광고계의 전설적 인물이다.

제임스 웹 영은 1886년 1월 20일 켄터키주 커빙턴에서 태어났다. 당시는 청년들에게 학교를 중퇴하고 일찍 직장에 취직하도록 권하는 시대였다. 그 또한 십대 초반부터 백화점 현금출납원, 속기사, 출판사 세일즈맨 등 다양한 직업을 체험했다. 1912년 〈시스템 매거진〉이라는 종교 관련 잡지의 세일즈를 하던 때 스탠리 리저와의 우연한 만남이 그를 광고계로 이끌었다. 리저는 제임스 웹 영의 재능이 잡지 세일즈보다 광고대행 업무에 훨씬 더 적합하다며 영을 설득했다.

영은 리저가 당시 지사장을 지냈던 미국 최대의 광고대행사 J. 월터 톰슨의 신시내티 지사에서 카피라이터로서 새로운 인생을 시작했다.

그는 신시내티 지사에서 5년 동안 일했고, 리저가 부사장이 되어 뉴욕으로 자리를 옮긴 후 그를 대신해 신시내티 지사의 지사장을 역임했다. 뒤이어 리저가 1917년에 사장으로 취임했을 때 영 또한 뉴욕으로 가서 부사장 자리에 올랐다. 이듬해에는 시카고 지사로 자리를 옮겼다.

그러던 1928년, 영 자신의 말을 빌리자면 대행사 업무에 '식상함'을 느껴 42세의 젊은 나이에 뉴멕시코 주에서 은둔 생활을 했다. 은퇴 후, 그는 가족을 데리고 세계여행에 나선다. 도중에 톰슨사의 해외 지사를 설립할 도시를 여기저기 물색하면서.

여행에서 돌아온 영은 당시 시카고 대학의 총장이었던 로버트 허친스 박사의 설득으로 경영사와 광고학 교수가 되어 시카고 대학 경영학부의 교단에 섰다.

5년 동안 매년 겨울 학기 강의를 맡았고, 여름에는 뉴멕시코에 있는 산장으로 돌아와 사과 농장 운영에 힘썼다. 이때 대학에서 강의하던 '아이디어를 만드는 방법'에 대한 그의 이론적 연구가 이제 와 '카피라이터들의 경전'으로 통하는 이 책 〈아이디어 생산법〉의 초석이 되었다. 아이디어를 만드는 과정에

대한 그의 단순하고 명쾌한 서술은 과학, 기술, 예술 분야의 사람들에게 아이디어 발상법이라는 획기적 사고 도구를 제공했고 지금은 일반적 모형으로 회자되고 있다.

그 후 내무장관 케인스의 위촉으로 미국 원주민의 예술과 공예 마케팅에 관한 조사, 전국의 광고주와 출판사, 광고대행사로 구성된 그룹을 위한 대행업 커미션 시스템에 관한 조사, 주요 출판사 그룹의 요청에 따른 잡지 비즈니스에 관한 연구, 톰슨 해외 지사에서의 특별한 업무를 위한 6회에 걸친 외유, 선셋 매거진 발행자로서 진행한 출판 업무, 장남과 공동으로 운영한 뉴멕시코의 수제 넥타이와 사과 통신 판매, 정부와 관련된 업무로는 미국 상무성 비즈니스 자문위원, 경제개발위원회 평의원 등 광고계와 출판계, 정부를 오가며 각종 조사와 연구, 업무를 담당했다.

1941년 이후 오랫동안 톰슨사의 상임최고고문을 맡아서 활동했다. 1951년부터 52년까지는 새로 설립된 포드 재단의 매스커뮤니케이션 컨설턴트로 재직했으며, 미국 광고대행업 협회의 회장을 역임했고, 전 세계적으로 존재하는 공공광고기구의 모델이 된 미국 광고심의회의 설립자이자 초대 회장을 지내기도 했다. 뉴멕시코 대학에서 법학박사 학위를 받았으며, 1973년 사망한 이듬해 '광고의 전당'에 이름을 올렸다.

옮긴이

이지연

서울대학교 철학과를 졸업 후 삼성전자 기획팀, 마케팅팀에서 근무했다. 현재 전문 번역가로 활동 중이다. 옮긴 책으로 〈카피 공부〉, 〈위험한 과학책〉, 〈제로 투 원〉, 〈토킹 투 크레이지〉, 〈인문학 이펙트〉, 〈파괴적 혁신〉, 〈나인〉, 〈기하급수 시대가 온다〉, 〈빅데이터가 만드는 세상〉, 〈빈곤을 착취하다〉, 〈플라스틱 바다〉, 〈행복의 신화〉, 〈평온〉, 〈다크 사이드〉, 〈레바나〉, 〈포제션〉 외 다수가 있다.

60분 만에 읽었지만 평생 당신 곁을 떠나지 않을

아이디어 생산법

펴낸날 초판 1쇄 2018년 9월 10일
　　　초판 7쇄 2023년 7월 3일

지은이 제임스 웹 영

서문 정재승

옮긴이 이지연

펴낸이 이주애, 홍영완

편집 양혜영, 백설희

디자인 김주연

마케팅총괄 김진겸, 김가람

펴낸곳 (주)윌북

출판등록 제2006-000017호

주소 10881 경기도 파주시 광인사길 217

전화 031-955-3777 **팩스** 031-955-3778

블로그 blog.naver.com/willbooks

포스트 post.naver.com/willbooks

트위터 @onwillbooks **인스타그램** @willbooks_pub

ISBN 979-11-5581-183-2 03320